EL CHEF ROY CHOI

y su REMIX DE LA COMIDA CALLEJERA

por **Jacqueline Briggs Martin** y **June Jo Lee**
ilustrado por **Man One**

Readers to Eaters

SAN FRANCISCO, CALIFORNIA

Dedicatoria

Para todos, especialmente mis hermanas Laura y Audrey, que cocinan con amor y forman conexiones comunitarias con comida casera. —J.B.M.

Para mi familia remix: Philip, Louisa, Blue, y Ari O. —J.J.L.

Para mi esposa Laura, por su apoyo sin fin y mis hijos —Alex, Max, y Vivi—quienes tienen que soportar la locura de mi horario; también para mis papás, por ser ejemplos excelentes y permitirme tener grandes sueños. —M.O.

Text copyright © 2017 by Jacqueline Briggs Martin and June Jo Lee
Illustrations copyright © 2017 by Man One
Translation copyright © 2022 by READERS to EATERS

This title won the 2018 Sibert Honor Medal for the English edition published by READERS to EATERS in the year 2017.

Readers to Eaters

READERS to EATERS
1620 Broadway, Suite 6
San Francisco, CA 94109
www.ReadersToEaters.com

Distributed by Publishers Group West

All rights reserved. No part of this book may be reproduced, transmitted, or stored in an information retrieval system in any form or by any means, electronic, mechanical, photocopying, recording, or otherwise, without written permission of the publisher.

Printed in the U.S.A. by Worzalla, Stevens Point, Wisconsin (8/22)

Book design by Red Herring Design

Book production by The Kids at Our House

Creative support and consulting by Crewest Studio. www.crewest.com

The art was created in separate layers. Most of the backgrounds were first spray-painted onto large canvas, then photographed. The characters and detailed drawings were created in pencil, then "inked" digitally on the computer, where all parts were then assembled.

The text is set in Gora, a whimsical extended slab serif font created by Russian designer Misha Panfilov.

10 9 8 7 6 5 4 3 2 1
First Edition

Library of Congress Control Number: 2017931112
ISBN 978-1-7351522-1-9

MIX
Paper from responsible sources
FSC
www.fsc.org
FSC® C002589

UN REMIX DE RAMEN

Haz ramen con el chef Roy Choi.
Desliza un huevo al caldo.
Ponle queso,
ajonjolí,
     y verduras coloridas.
          Sírvelo.
     Ve una sonrisa.

Roy dice que la buena comida crea sonrisas.

El chef Roy Choi puede picar una cebolla en un instante,
esculpir un ratón con un champiñón.
Ha cocinado en restaurantes muy elegantes,
para estrellas de rock y para la realeza.
Pero prefiere cocinar en un camión.

Roy dice que es un "cocinero callejero."
Él quiere que forasteros, lowriders,
niños y niñas, adolescentes, shufflers y skaters
tengan comida preparada con cariño, con amor,
con sohn-maash.

Sohn-maash
[손맛] *Son los sabores
en las yemas de nuestros
dedos. Es el amor y talento
para cocinar que las madres
y abuelas coreanas agregan
a su comida casera.*

Bibimbap
[비빔밥] Es arroz mezclado. Se sirve en un tazón con arroz caliente bañado con verduras y carnes muy sabrosas, un huevo frito y una salsa de chile y miso.

Kimchi
[김치] Es una mezcla de verduras fermentadas, similar al chucrut. Es agrio, salado, un poco picante, y delicioso.

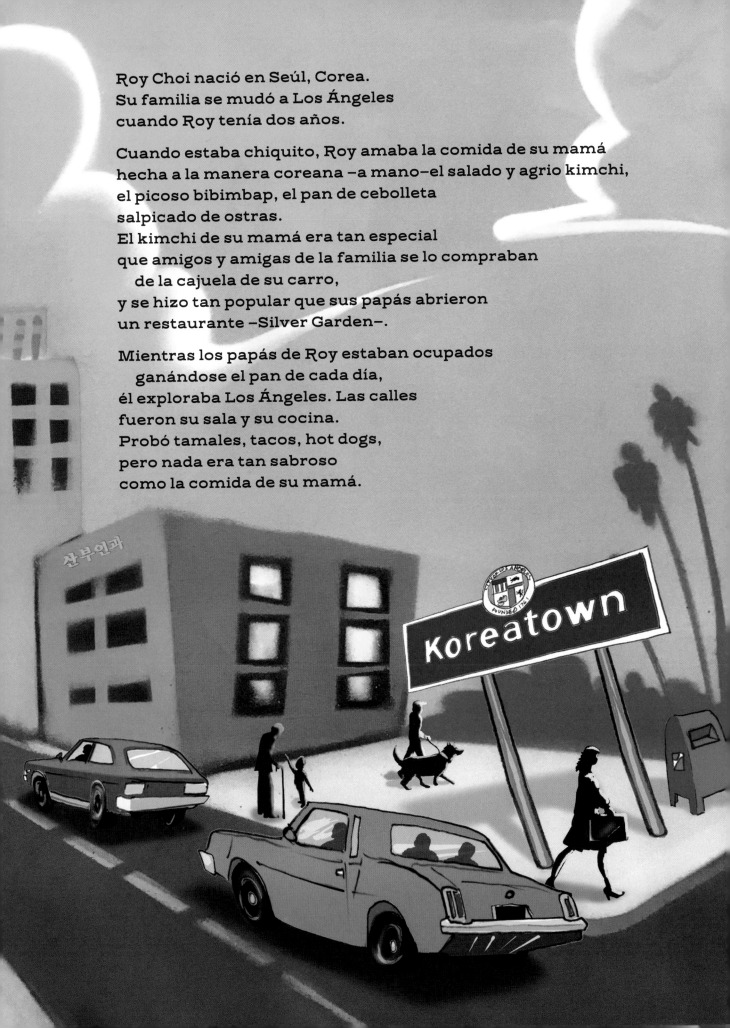

Roy Choi nació en Seúl, Corea.
Su familia se mudó a Los Ángeles
cuando Roy tenía dos años.

Cuando estaba chiquito, Roy amaba la comida de su mamá
hecha a la manera coreana –a mano– el salado y agrio kimchi,
el picoso bibimbap, el pan de cebolleta
salpicado de ostras.
El kimchi de su mamá era tan especial
que amigos y amigas de la familia se lo compraban
    de la cajuela de su carro,
y se hizo tan popular que sus papás abrieron
un restaurante –Silver Garden–.

Mientras los papás de Roy estaban ocupados
    ganándose el pan de cada día,
él exploraba Los Ángeles. Las calles
fueron su sala y su cocina.
Probó tamales, tacos, hot dogs,
pero nada era tan sabroso
como la comida de su mamá.

Koreatown

Para Roy el restaurante de su familia
era el mejor buen lugar.

Todo el día, la mamá de Roy y su cuadrilla
picaban, mezclaban y sazonaban a mano.
Roy amaba la cocina bulliciosa,
con banchan por todos lados.
Y a las 3 p.m. todos se juntaban en la mesa #1
para su Hora de los Dumplings.

Banchan
[반찬] *Son los muchos platillos de kimchi que se comparten en una mesa coreana: verduras sazonadas, carnes, pescado asado y estofados, acompañados con tazones personales de arroz.*

Quítate tu mandil y siéntate.
Esparce harina en la mesa.
Despega un disquito de masa del montón
Ponle a cucharadas ese riquísimo relleno
y dobla, dobla, dobla.
Cuenta historias. Comparte noticias. Ríe.

La familia reunida, preparando comida.
El mejor buen tiempo para Roy.

El vecindario cambió. El restaurante cerró.
Sus papás tienen un nuevo negocio de joyería.
    Una casa grande en los suburbios.

Pero la vida de Roy no era mejor. Él no
se parecía a nadie a su alrededor, no cantaba las mismas canciones,
ni comía las mismas botanas.
¿Dónde encajaba? Roy estaba muy confundido.

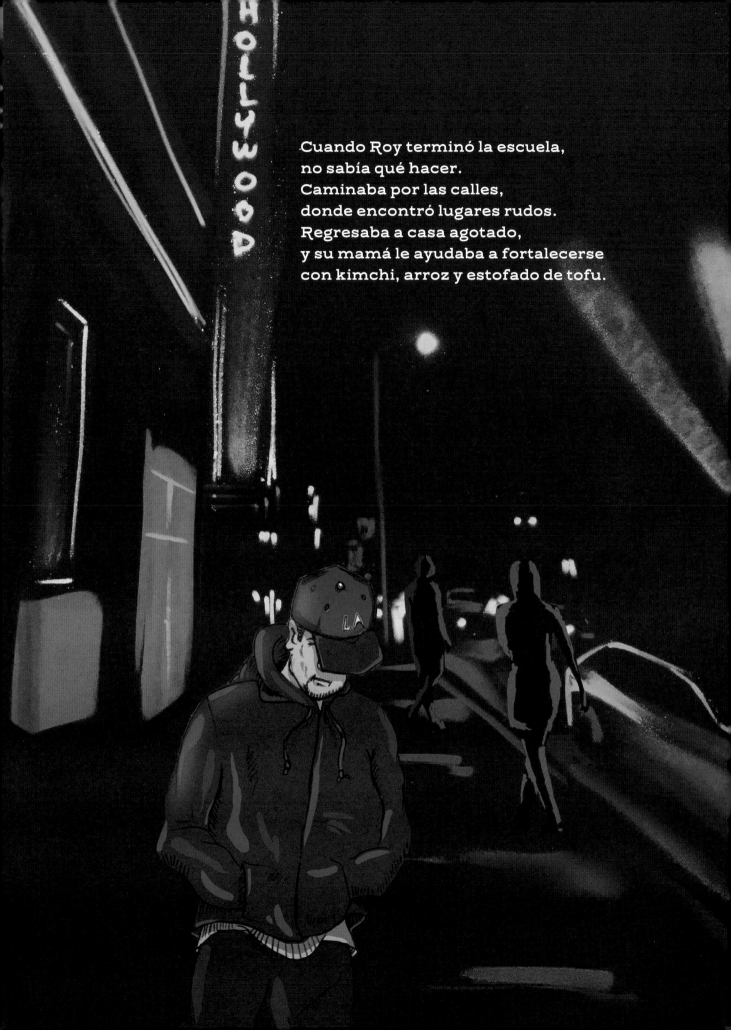

Cuando Roy terminó la escuela,
no sabía qué hacer.
Caminaba por las calles,
donde encontró lugares rudos.
Regresaba a casa agotado,
y su mamá le ayudaba a fortalecerse
con kimchi, arroz y estofado de tofu.

Un día, mientras Roy estaba viendo un programa de cocina,
descubrió dónde podía encajar:
"Me vi a mí mismo en la cocina.
Me vi a mí mismo en casa."

Fue a una escuela de gastronomía y aprendió
a trabajar en equipo, a preparar salsas y a usar bien los cuchillos.

Cuando se graduó, Roy aceptó trabajos en restaurantes muy elegantes.
Sentía que había encontrado su lugar
   cuando se ponía la bata blanca de chef,
dirigía la cuadrilla de la cocina,
cocinaba para estrellas de cine,
cocinaba para miles de personas
listas para comer cada noche.

Roy fue un éxito —hasta que no—.
Estaba demasiado cansado, no podía
   cocinar lo suficientemente rápido
para todos esos comensales.
Se le olvidaron las recetas. Perdió su trabajo.
¿Dónde encajaba Roy ahora?
No sabía.

UN REMIX DE LA COMIDA CALLEJERA

Entonces un amigo le dijo: "Vamos a abrir un camión de tacos,
pongamos asado coreano en un taco."

"¿Qué? ¡Los chefs cocinan en cocinas, no en camiones!"
¡Pero Roy al final dijo sí!
Él quería hacer un remix de los sabores que amaba,
en las calles que eran su hogar.

**Las salsas de Roy
mezclan los cinco sabores—**
*dulce, ácido, amargo, salado,
umami— con especias
aromáticas. Chile seco, salsa
de soya, ajonjolí, limón y pera
son algunos de los
ingredientes en la Salsa
Fenomenal de Roy.*

Él usaba sus magníficos talentos de chef para construir el sabor
y cocinaba con cariño, con sohn-maash,
para crear "Los Ángeles en un plato":
costillas de res coreanas, ensalada de col crujiente
    sobre tortillas de maíz
con un chorrito de la Salsa Fenomenal de Roy.

Roy y sus amigos rondaban por las calles de L.A.
en su Camión de Asados Kogi, buscando gente con hambre.
"Olvídenlo," la gente decía.
"Los coreanos no pueden hacer tacos."

Roy siguió cocinando en el camión
mientras sus amigos trataban de
encontrar personas que compraran sus tacos.

Y cuando lo hicieron . . .

Los tacos de Kogi sabían tan buenos
—dulces, agrios, tanta sabrosura—
los comensales ordenaban más, tomaban fotos
y las compartían en todos lados.

Dale. Asa costillas.
Avienta el taco. Echale ensalada de col,
un chorrito de la Salsa Fenomenal de Roy.
Y listo. ¡Provecho!
Siguiente cliente.
Siguiente taco.

Roy vio que la comida de Kogi era como
 la buena música,
reunía a la gente y creaba sonrisas.

Personas que ni se conocían platicaban y reían
mientras esperaban en fila:
coreanos con latinos, niñas y niños con viejitos,
grafiteros con nerds.

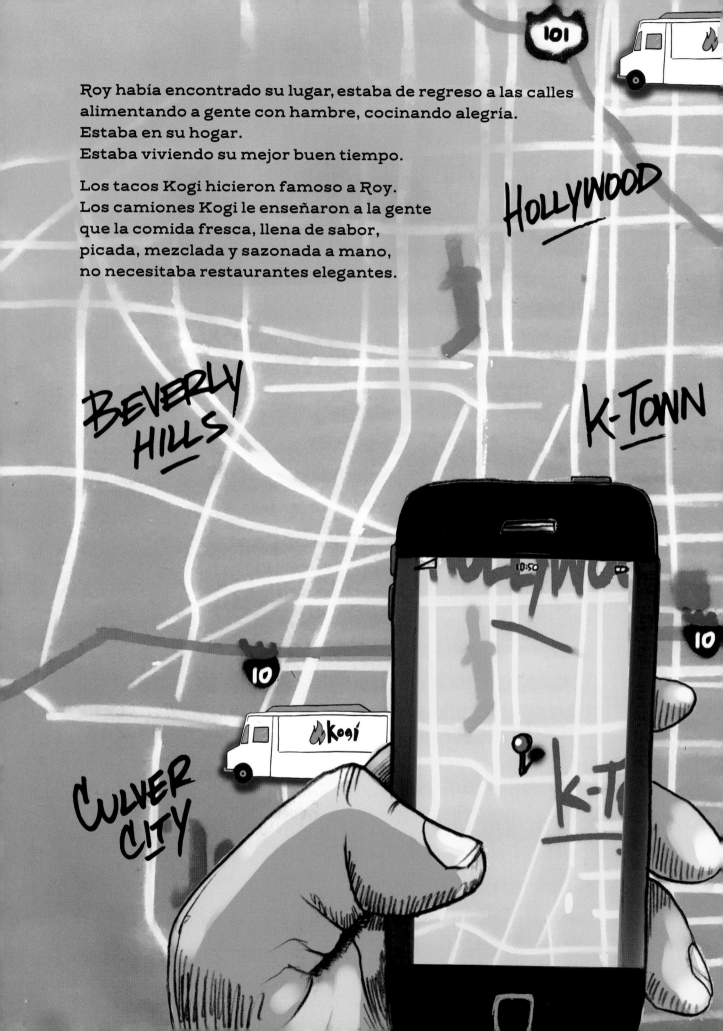

Roy había encontrado su lugar, estaba de regreso a las calles alimentando a gente con hambre, cocinando alegría.
Estaba en su hogar.
Estaba viviendo su mejor buen tiempo.

Los tacos Kogi hicieron famoso a Roy.
Los camiones Kogi le enseñaron a la gente que la comida fresca, llena de sabor, picada, mezclada y sazonada a mano, no necesitaba restaurantes elegantes.

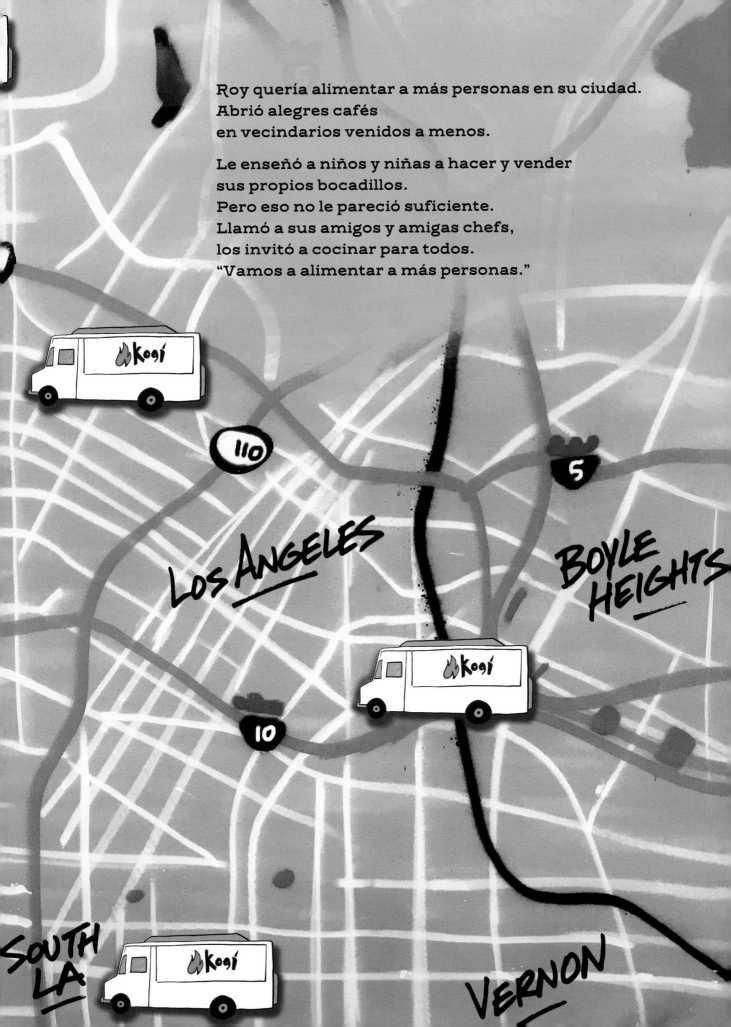

Roy quería alimentar a más personas en su ciudad.
Abrió alegres cafés
en vecindarios venidos a menos.

Le enseñó a niños y niñas a hacer y vender
sus propios bocadillos.
Pero eso no le pareció suficiente.
Llamó a sus amigos y amigas chefs,
los invitó a cocinar para todos.
"Vamos a alimentar a más personas."

Un Remix De Comida Rápida

El chef DP respondió la llamada de Roy.
Los dos amigos decidieron abrir sitios de comida rápida
en vecindarios llenos de gente con hambre para
"alimentar con buena comida, crear trabajos dignos,
y traer sonrisas."

Probaron recetas:
Dobladitos, Crujientitos, Hamburguesas, y Tazones
que niñas y niños podían comer mientras andaban
   en sus patinetas,
explorando, o nada más pasando el tiempo.

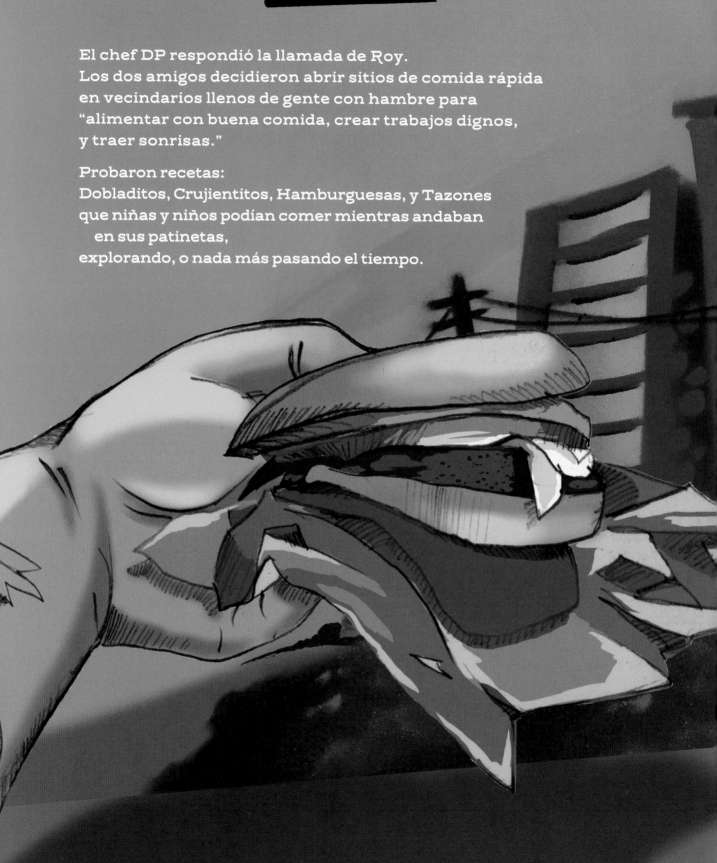

Construyeron el primer Locol en Watts, L.A.:
frente a la Primaria
Florence Griffith Joyner.

Roy y DP se preguntaron:
"¿Le interesaría a la gente
comida rápida casera?"
"¿Comida cocinada con sohn-maash?"
"¿Pasarían sin siquiera dar un vistazo?"

En el primer día de Locol . . .

La fila de gente rodeaba la esquina:
estaban esperando probar la sabrosa comida del nuevo
   mejor buen lugar.
Roy dijo, "Me dan ganas de llorar, reír, abrazar gente."

Un Remix De Vecindario

Roy Choi quería construir más Locoles,
hacer remix en vecindarios de todos lados
con esperanza, gran talento culinario e ingredientes frescos:
"Alimentar al mundo con cariño." Pero
algunas veces se preocupa: "¿Irá a funcionar?"

Podemos ayudarle a Roy, ser parte de la cuadrilla
–gente callejera, niñas y niños, mamás, papás,
skaters, cantantes y los traviesos del barrio–
mezclar nuevos platillos, compartir todo lo que podamos,
cocinar con sohn-maash,
cocinar con amor.

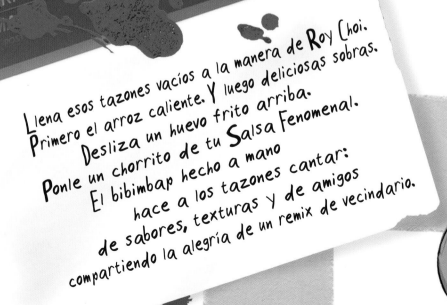

Llena esos tazones vacíos a la manera de Roy Choi.
Primero el arroz caliente. Y luego deliciosas sobras.
Desliza un huevo frito arriba.
Ponle un chorrito de tu Salsa Fenomenal.
El bibimbap hecho a mano
hace a los tazones cantar:
de sabores, texturas y de amigos
compartiendo la alegría de un remix de vecindario.

Para hacer tu propia Salsa Fenomenal, mezcla lo que te guste: cátsup, salsa de soya, cilantro, miso. Mezcla y prueba hasta que encuentres el balance perfecto entre dulce, ácido, amargo, salado y muy sabroso.

NOTAS DE LAS AUTORAS

Este libro es muy especial para mí. Primeramente, estoy muy contenta de estar compartiendo la historia de Roy Choi. Después de que los camiones de comida Kogi se volvieran tan populares, Roy pudo haber escogido un camino hacia la fama y riqueza. Pero en vez de eso, escogió cocinar buena comida, con amor, para gente que no es necesariamente famosa o rica. Compartir rica comida en las calles es compartir cariño. Y ese es el camino de Roy.

Segundo, el proceso de escribir este libro con June Jo Lee fue una experiencia maravillosa. Leímos los mismos artículos y libros, vimos las mismas entrevistas. Viajamos a Los Ángeles para ver el Barrio Coreano, comimos en Kogi, Locol, y los otros restaurantes de Roy, y experimentamos la diversa cultura de la ciudad.

June Jo Lee generosamente compartió mucha información sobre la comida coreana, igual que muchas percepciones sobre la cultura coreana y nos contó emotivamente sobre los retos de ser coreana de primera generación viviendo en los Estados Unidos. Mi mundo se ha expandido al trabajar con June —y por eso estoy muy agradecida—.

Al escribir este libro juntas, fuimos como dos cocineras haciendo un platillo. Cada una agregó ingredientes (conocimiento de cultura, ideas sobre narración) y luego probamos y cambiamos unas pocas cosas. Escribíamos, leíamos y escribíamos otra vez, investigábamos más, escribíamos otra vez, leíamos otra vez, hasta que tuvimos lo que tú tienes en tus manos ahora.

Trabajamos juntas, comimos juntas, compartimos lo que tenemos y lo que sabemos. Ese es el estilo de Roy. Así es como hicimos este libro. ¡Qué placer compartirlo contigo!

—JACQUELINE BRIGGS MARTIN

Roy y yo nacimos en 1970 en Seúl, Corea del Sur. También empezamos la primaria en California al mismo tiempo. Roy y yo pudimos venir a los Estados Unidos debido a los cambios en las leyes de inmigración en 1965 que permitieron que más personas asiáticas vinieran al país. Como Roy, recuerdo haberme sentido como una forastera porque no me veía como los otros niños y niñas en mi clase y porque comía comida extraña y olorosa como algas, anchoas secas y kimchi. Los alimentos que comíamos creaban una barrera entre "nosotros" y "ellos."

Cuando Roy creó el camión de tacos coreanos Kogi, mezcló dos cocinas muy diferentes y deliciosas —coreana y mexicana—. Esta mezcla de sabores refleja los Estados Unidos de hoy. Probar comidas diferentes es un puente hacia las muchas culturas de comida que colectivamente nos hacen estadounidenses.

Roy también incluye en la mezcla un ingrediente esencial más—amor, amor de una persona fenomenal a otra persona fenomenal—. Este sabor de las manos es el poder de la Salsa Fenomenal de Roy. Él quiere que cada niño y niña, hipster y hip-hopper, halmoni y abuela tengan acceso a comida deliciosa hecha con cariño y sabores verdaderos. Y haciendo un remix de sabores, Roy está trabajando duro para reconectar a la gente en las casas, calles y vecindarios.

—JUNE JO LEE

NOTA DEL ILUSTRADOR

Soy un gran admirador del trabajo de Roy Choi. Lo conocí hace años cuando Kogi empezó a crear fama. Gracias a él, Kogi fue uno de los patrocinadores de mi exposición individual llamada "Espíritus del graffiti." Creo que compartimos los mismos valores de usar nuestros talentos para encontrar mejores maneras de ayudar a la gente y hacer este mundo un mejor lugar, empezando con nuestro propio hogar, Los Ángeles.

La primera vez que hice graffiti, estaba en un autobús público y este chico me dio un marcador y me dijo, "Escribe algo en la ventana... ¡pero no tu nombre de verdad!" Yo estaba escuchando un grupo neoyorquino de hip-hop llamado Mantronix en mis audífonos, así que escribí eso. Entonces decidí que necesitaba hacerlo en la calle y presentar mi arte, pero ese nombre era demasiado largo para una firma, así que usé las tres primeras letras, solamente Man. El One fue agregado después porque en la cultura del graffiti eso se usaba para indicar que tú eras el creador de ese nombre y nadie te lo podía robar, así que fui conocido como Man One.

No sabía que te podían pagar para crear arte hasta que estaba en la preparatoria, y eso fue más o menos la misma época en que descubrí el arte de graffiti. Para mi, el graffiti no se trataba de escribir en las paredes para hacerlas feas, sino de embellecer la ciudad y llenarla de color. Por medio de mi arte, puedo expresar mis sentimientos y a mí mismo.

Tomó muchos pasos crear el arte para este libro. Primero pinté el fondo con aerosol en lienzos grandes. Los fotografié después y cargué las fotos a la computadora. Entonces las personas y los dibujos a lápiz detallados fueron agregados digitalmente. Pensé que sería divertido destacar los poemas de cocinar con calcomanías en blanco que son comúnmente usadas en el arte callejero. Finalmente, todas las partes fueron ensambladas electrónicamente. Ve la foto en esta página para las herramientas del oficio —válvulas de aerosoles, un Sharpie, un borrador, y un lápiz—.

En este libro, intenté incluir lo más que pude de la ciudad. Cosas como palmeras, postes de teléfono y alambres, edificios viejos y nuevos, del centro hasta la playa: traté de darle al espectador una probadita del paisaje único de L.A. También traté de incorporar las diferentes clases de gente que puedes conocer en un día cualquiera. Un punk, un skater, un vendedor ambulante: ¡lo que quieras, L.A. lo tiene!

Yo amo mucho a L.A. Nací aquí y siempre he vivido aquí. Amo la diversidad de la gente y los inmigrantes de todas las partes del mundo, eso hace esta ciudad muy rica y única. Toda esta cultura internacional me inspira a crear. El clima hermoso en L.A. me permite pintar afuera casi todos los días del año. El océano, las montañas, los edificios, y hasta los callejones son mi inspiración constante.

La historia de Roy, como esta ciudad, es otra gran inspiración. Encontrar tu pasión y hacer algo que tú amas es una gran manera de alcanzar el éxito, pero la recompensa verdadera viene cuando empiezas a devolver a tu comunidad. No hay palabras suficientes para expresar la felicidad que te puede traer.

—MAN ONE

BIBLIOGRAFÍA

Brindley, David. "How One Korean Taco Truck Launched an $800 Million Industry." *National Geographic* (July 2015).

Choi, Roy, Tien Nguyen, and Natasha Phan. *L.A. Son: My Life, My City, My Food*. New York: Anthony Bourdain/Ecco, 2013.

Gold, Jonathan. "Roy Choi and Daniel Patterson try to start a healthful fast-food revolution in Watts with Locol." *Los Angeles Times* (January 23, 2016).

Kahn, Howie. "Chefs Daniel Patterson and Roy Choi Reimagine Fast Food." *Wall Street Journal* (March, 30, 2015).

Kogi BBQ. *http://kogibbq.com.*

Locol. *http://www.welocol.com.*

MAD. "Roy Choi at MAD3: A Gateway to Feed Hunger: The Promise of Street Food." YouTube. September 23, 2013.

RECURSOS

Hammer, Melina. *Kid Chef: The Foodie Kids Cookbook*. Foreword by Bryant Terry. Berkeley, CA: Sonoma Press, 2016.

Maangchi. "Maangchi." YouTube. *https://www.youtube.com/user/Maangchi.*

Martin, Jacqueline Briggs and Eric-Shabazz Larkin, illustrator. *Farmer Will Allen and the Growing Table*. Afterword by Will Allen. Bellevue, WA: Readers to Eaters, 2013.

Martin, Jacqueline Briggs and Hayelin Choi, illustrator. *Alice Waters and the Trip to Delicious*. Afterword by Alice Waters. Bellevue, WA: Readers to Eaters, 2014.

Park, Linda Sue and Ho Baek Lee, illustrator. *Bee-bim Bop!* New York: Clarion Books, 2005.

BIOGRAFÍAS

Jacqueline Briggs Martin es la autora de muchos libros galardonados, incluyendo *Snowflake Bentley*, ganador de la Medalla Caldecott. Su serie, *Food Heroes*, publicada por Readers to Eaters, incluye *Farmer WIll Allen and the Growing Table*, ALA Notable Children's Book, y *Alice Waters and the Trip to Delicious*, el cual recibió una crítica estelar del *School Library Journal*. Ella vive en Mount Vernon, Iowa, y trata de comer kimchi todos los días. Puedes aprender más sobre ella en *jacquelinebriggsmartin.com.*

June Jo Lee es una etnógrafa de comida, estudia cómo se come en los Estados Unidos. Es oradora nacional de las tendencias de alimentación y consultora de organizaciones, desde comedores universitarios hasta Google Food. También es cofundadora de Readers to Eaters. Como Roy, ella nació en Seúl, Corea del Sur y se mudó a los Estados Unidos, donde creció comiendo el kimchi de su mamá. Actualmente vive en San Francisco, California. Este es su primer libro. Puedes aprender más sobre ella en *foodethnographer.com.*

Man One ha sido un pionero en el movimiento del arte de graffiti en Los Ángeles, California, desde los años 1980. Sus obras de arte han sido expuestas en galerías y museos alrededor del mundo, incluyendo el Museo Parco en Japón y el Museo de Arte Contemporáneo, Los Ángeles. Él ha pintado en vivo arriba de escenarios en conciertos y festivales de música. Él es cofundador del Crewest Studio, una compañía de comunicaciones creativas enfocada en la cultura contemporánea global. Ha vivido en Los Ángeles toda su vida, y ama comer las deliciosas recetas mexicanas de su familia. Puedes aprender más sobre Man One y Crewest en *manone.com* y *crewest.com.*